# A MONSIEUR

# ÉMILE DE GIRARDIN



SUR

## La Lettre de l'Empereur

PAR

### M. DE BONNAL

Ex-rédacteur en chef

———◦❦◦———

## PARIS

CHEZ TOUS LES LIBRAIRES

—

**1867**

Poitiers. — Imprimerie de N. Bernard.

MONSIEUR ET AMI,

Pour ceux qui vous connaissent comme moi, vous êtes et vous serez toujours un homme de liberté. Toute âme digne et fière porte en elle ce noble sentiment.

Mais, pour mon compte, je place au-dessus de toute chose le sentiment de l'égalité, qui me paraît être la première et la plus grande conquête de 89; celle qui tient le plus au cœur des instincts français; celle qu'il faudrait le plus respecter, que les gouvernements ménagent le moins et qui constitue, au fond, le premier des leviers révolutionnaires.

A ceux donc qui s'effarouchent si bruyamment au seul mot de liberté et de révolution, je dis : dans l'esprit de caste et dans les inégalités qui le constituent, gît le mal dont vous prenez tant d'ombrage.

Si tant de gens, dans la classe moyenne, reportent leurs souvenirs, il faut oser le dire, vers la dynastie de juillet, c'est qu'elle laissa le champ libre à l'égalité, et qu'elle se garda bien de promulguer une loi consacrant un droit quelconque à la noblesse.

Nous dirons dès lors à l'Empire qu'il a eu tort de donner une forme légale à un parti qui, d'une part, lui sera toujours hostile, et qui, de l'autre, froisse par des distinctions natives injustifiables le plus noble des sentiments d'un pays.

Jusqu'à ce jour le premier acte de toute révolution a été de procéder à l'égalité par la suppression des titres. Les révolutions connaissent peu le cœur humain, si elles connaissent quelque chose. Il fallait suivre une marche inverse, dans l'intérêt de l'égalité pratique, et décréter la noblesse pour tous.

La liberté, à moins que de l'admettre absolue comme vous, Monsieur de Girardin, est un mot vide de sens, indéfini, abstrait, commençant dans la pratique et finissant on ne sait où, rebelle à la réglementation de toute loi, par cela seul que la loi est un cadre ou une barrière, et que, pour tracer des barrières ou un cadre, il faut les connaître. Or, dans l'application de la liberté restreinte, qui sait, qui peut savoir où finit et où commence son droit.

Dans cet ordre de faits, vous ne pouvez donc jamais édicter que de l'arbitraire.

Dès lors, ce n'est pas sans motif que je place l'égalité bien au-dessus de la liberté restreinte, inventée par les gentilshommes de notre démocratie, et je ne conçois pas qu'on fasse tant de bruit pour si peu de chose. Mais cette liberté n'est, je crois, qu'un prétexte aux mains

d'une égalité qu'on étrangle et dont tous les instincts
de vie se révoltent. Ce n'est pas impunément qu'on fait
injure au plus impérieux sentiment des sociétés modernes, laborieuses par essence et n'admettant d'autre
supériorité que celle résultant de la puissance du travail.

Comme vous le voyez, je ne m'enthousiasme pas
outre mesure pour une prétendue liberté. Le fond des
choses me préoccupe infiniment plus que leur forme et,
en politique de fait, je repousse surtout les chimères,
les prétextes, l'indéfini, l'impraticable, tout drapeau que
les aspirants à quelque chose déploient aux yeux de
ceux qui aspirent à moins, étendard superbe qu'ils four-
rent prestement dans leur poche aussitôt que les circonstances veulent bien les ranger au nombre des
satisfaits.

Du reste, l'on ne doit en aucune façon s'exaspérer
contre ces apparentes apostasies. Dépendent-elles des
hommes politiques? Nullement. Elles sont dans la na-
ture des choses, des intérêts, des circonstances, de
l'élément gouvernable. Comme les objets de haute administration, dans un État, restent toujours les mêmes,
au point de vue de leurs difficultés et de leurs exigences, quels que soient les hommes chargés de les régir,
quels que soient les gouvernements, ils doivent, à peu
de choses près, s'astreindre aux mêmes allures que
leurs prédécesseurs, sauf à gouverner dans le vide et en
dehors de la réalité.

Il serait donc à désirer qu'en politique comme dans
la vie civile, le juge, homme ou femme, publiciste ⸱⸱⸱

ministre, avant que d'émettre une opinion, se mît un peu dans la position du condamné, car l'on condamne toujours, et demandât à sa conscience ce qu'elle eût fait ou pu faire en son lieu et place.

Mais, grands ou petits, nous ne sommes généralement pas doués de cette réserve.

Ce préambule n'est point un hors-d'œuvre sans utilité, et vous lui trouverez peut-être une juste application, non-seulement dans ce qui va suivre, mais encore dans l'observation des petites minauderies d'un certain monde soi-disant libéral.

## II.

La liberté limitée, ce n'est pas la liberté. Elle est
entière ou n'existe pas. Ce que la plupart des publicistes nomment liberté, c'est un accouplement bâtard
de la liberté avec plus ou moins d'arbitraire, résultant
de leurs systèmes, de leurs passions, de leurs conve-
nances, de leurs intérêts. C'est une liberté de convention et non la liberté. C'est tout simplement un moyen
de discrédit contre tout Pouvoir qu'épouvantent les
fantômes.

Vous, Monsieur de Girardin, vous êtes l'homme le
plus absolu en théorie et, en même temps, l'homme le
plus pratique. Capable de vous élever à l'ensemble, vous
savez descendre à ses parties, c'est-à-dire que, deman-
dant tout quand on refuse, vous vous accommodez du
moins lorsqu'on accorde.

C'est que vous n'ignorez pas ce que le bon sens de
chacun devrait comprendre : les institutions ne valent
point par elles-mêmes ; elles ne tirent leur action salutaire ou funeste que des hommes appelés à les mettre
en pratique et des hommes destinés à les subir.

De telle sorte que la forme gouvernementale la plus défectueuse peut devenir la meilleure, avec des hommes intègres et habiles, tandis que la meilleure peut devenir la pire entre les mains de l'incapacité suffisante.

Au lieu donc de s'occuper depuis un demi-siècle, avec un zèle si bruyant, de la forme des institutions, autant vaudrait peut-être que les uns se rendissent plus gouvernables, et que les autres s'inspirassent mieux des devoirs imposés à l'exercice de la puissance publique.

Mais, ce que nous proposons là étant le plus simple, est le plus difficile, plus difficile surtout parce que la pratique de ce conseil ne pose ni en chef de parti, ni en chef de système. Or, chacun veut être chef et n'a de foi que dans sa qualité de chef.

L'amour et la conviction pour les systèmes et leurs formes sont si irrésistibles, que si on leur en donnait la faculté, M. Thiers n'ayant des accents que sous le régime parlementaire, l'instituerait évidemment aussi bien en Russie qu'en Angleterre, sauf à faire discourir entre eux Cosaques et Sibériens. M. Ledru-Rollin fonderait avec confiance en Autriche la république des États-Unis. M. Berryer mettrait en toute foi, à la Porte, le droit divin très-chrétien du chaste règne de Louis XIV. Or, n'est-il pas raisonnable de dire à MM. Berryer, Ledru et Thiers : Messieurs, si vous et moi nous étions en Turquie, nous ferions bien de devenir bons Turcs et de vivre de notre mieux à la turque, sauf à améliorer cette vie asiatique dans la mesure de nos forces et du possible.

Ce qui n'empêche pas MM. Thiers et Guizot d'avoir été de magnifiques représentations du système parlementaire ; M. Berryer, d'incarner toutes les noblesses de cœur et de poésie du droit divin catholique de nos .aïeux; les hommes de 89 et ceux de 93, de s'être élevés à la hauteur de leur tâche gigantesque : quand l'Océan a perdu son équilibre, il fait de la tempête selon la puissance qui le soulève avant que de reprendre son niveau. Et, pour notre compte, nous ne voyons rien au-dessus de la grande Dynastie Napoléonienne, afin d'opérer une conciliation nécessaire entre les exigences de la démocratie française, qui embrasse la totalité des intérêts du pays, qui constitue le pays lui-même, et les exigences du principe d'autorité.

C'est ainsi, ce me semble, qu'on doit penser et parler avec un peu de bon sens et de bonne foi.

III.

La lettre impériale du **19** janvier dit :

« Là ne doivent pas s'arrêter les réformes qu'il convient d'adopter; une loi sera proposée pour attribuer exclusivement aux tribunaux correctionnels l'appréciation des délits de presse et supprimer ainsi le pouvoir discrétionnaire du gouvernement. »

L'Empereur pouvait aller plus loin sans compromettre son autorité et l'avenir de sa Dynastie. A sa place nous eussions dit — ce qui n'est pas sûr du reste; car à sa place, s'il faut en juger par ce que valent les hommes passant de la vie privée à la vie publique, peut-être en eussions-nous beaucoup moins dit. Mais enfin, publiciste, supposons-nous barre de fer trempée à froid, ou plutôt restons ce que nous sommes, c'est-à-dire un simple campagnard, et notre générosité politique sera plus complète.

Nous dirions donc à la place de l'Empereur : Messieurs les journalistes, sauf M. de Girardin, qui est un homme hors ligne, qui sait être absolu comme ses théories, tout en sachant se contenter du possible; sauf

encore quelques publicistes à part, vous êtes des ergo-
teurs sans logique.

Or, comme la liberté limitée n'est point la liberté et
que je ne redoute pas le droit d'écrire :

1° Vous jouirez à l'avenir d'une liberté de presse
absolue et sans réserve aucune;

2° Vous fonderez des journaux à votre guise et
vous y direz ce qui vous plaira ;

3° Je supprime les cautionnements, qui ne garan-
tissent rien, et les droits de timbre, qui imposent la
pensée : pourquoi, au même titre, n'imposerait-on
pas le patriotisme et l'amour d'autrui;

4° Les droits de poste seront réduits aux proportions
du prix de revient administratif;

5° Une impunité complète est garantie aux écrivains, en ce qui concerne l'État, les droits des tiers
réservés, bien entendu;

6° Les brevets d'imprimeur sont supprimés, cette
industrie ne différant en aucune manière des autres
industries, qui sont libres et prospères, par la liberté,
depuis 89 ;

7° Les tribunaux correctionnels n'interviendront, en
matière de presse, concurremment avec les tribunaux
civils, que pour régler les actions civiles des citoyens;

8° Mais, attendu que, si nous proclamons l'entière
liberté de l'homme en matière de presse, il faut bien
reconnaître un droit égal au principe d'autorité; que si le
droit de vie en pensant, est acquis à l'individu, il n'est
pas moins absolu pour le Pouvoir, représentant de la
collectivité sociale et des intérêts nationaux;

9° Le gouvernement, en conséquence, se réserve le droit aux communiqués, le droit d'avertissement, le droit de suppression.

Depuis cinquante ans, tous les écrits exaltent l'individualisme. Ils tendent à le substituer aux exigences de la vie générale, sauf à risquer le naufrage des sentiments nationaux dans ce dissolvant de tout lien social.

N'importe, que chaque personnalité s'épanche librement par la presse. Le rayonnement des pensées fécondes et des critiques justes, loin d'être un danger pour le Pouvoir, est un préservatif et une condition pour lui de durée.

Mais, d'un autre côté, messieurs les publicistes, vous reconnaîtrez bien qu'il doit y avoir égalité en toute chose et que, si vous jouissez d'une liberté entière, le gouvernement fondé par une nation a bien, lui aussi, droit absolu de vivre et de se défendre.

Or, si vous discutez l'essence même de mon pouvoir ou si vous représentez notoirement, par vos journaux, des Dynasties déchues et prétendantes, des gouvernements aspirant à remplacer le gouvernement de fait, qui est le gouvernement de droit, ces publications devront être averties et promptement supprimées.

Si vous prenez l'habitude de tenter l'ébranlement de l'autorité, soit par des agressions toujours de mauvais goût contre les personnes, soit par des discussions systématiquement opposantes sur les choses, vos publications seront supprimées. La liberté ne doit pas être l'anarchie, et si cette liberté n'était pour vous possible qu avec l'exercice de l'abus, abus pour abus, mieux vaudrait encore celui du Pouvoir que le vôtre, puisqu'il vous mettrait dans l'impossibilité de détruire.

Enfin, toutes les fois que le gouvernement considérera vos journaux comme dangereux, soit pour lui-même, soit pour les intérêts dont il a charge, il devra les supprimer, non par l'intervention des tribunaux, qui ne sont pas des juges politiques, mais par mesure de simple administration.

Est-ce que vous chargez quelque intermédiaire de veiller sur votre propre conservation ? Est-ce que, en pareil cas, il n'est point de droit que vous soyez juge dans votre propre cause ? Qui mieux que vous sait si vous courez un risque ? Comment ! un peuple nous estime assez sage, assez clairvoyant pour diriger de prodigieux intérêts, et nous ne serions pas à même de discerner si de perpétuelles et systématiques redites peuvent compromettre la sécurité de l'État ?

Je vais plus loin et je dis qu'un gouvernement serait coupable d'abandonner un droit qui n'appartient qu'à lui et que lui seul peut exercer.

Bien mieux, la liberté absolue de la presse n'est possible que sous la réserve d'un droit semblable, et, dans de telles conditions, cette liberté serait un grand bienfait et l'inauguration de la plus hardie des mesures politiques en même temps que la plus conservatrice.

Nous ajoutons, ce que le gouvernement fera bien de méditer, que les tribunaux ne sauraient intervenir en ces sortes d'affaires, parce qu'ils seraient ou trop rigoureux ou trop faciles : trop rigoureux par un pouvoir fort, et trop faciles par un pouvoir faible ou s'affaiblissant sous la poussée d'une opinion publique menaçante. C'est-à-dire que la répression fléchirait quand elle devrait se relever. Vous ne séparerez jamais la justice de l'esprit public.

Le propre d'une mesure proclamant l'entière liberté de la presse, serait la diffusion du journalisme et sa décentralisation, c'est-à-dire son affaiblissement. L'esprit public n'appartiendrait plus à quelques chefs privilégiés : il ne dépendrait que de lui-même, pouvant choisir toutes les nuances, tandis qu'à cette heure, force lui est de se ranger sous des couleurs tranchées, parfois peu sympathiques, mais qui finissent par l'absorber.

Le propre de la suppression des cautionnements, serait de mettre l'individu au niveau des partis, toujours assez riches pour fournir des cautionnements, quelque élevé qu'en soit le chiffre. Or, le Pouvoir doit tendre à l'amoindrissement des partis, surtout des partis dynastiques.

IV.

Vous prétendez, Monsieur de Girardin, que les journaux sont impuissants. Je ne suis de votre opinion qu'à
demi. Ils sont impuissants pour le bien ; ils sont influents
pour le mal. Si vous avez provoqué quelques grandes
mesures, elles sont dues à l'autorité de votre nom,
mais non point au journalisme. Les journaux peuvent
discréditer les personnes et les amoindrissent dans
l'opinion : ils ne font et ils n'ont jamais fait progresser
les intérêts réels.

Amoindrir le personnel d'un gouvernement, n'est-ce
pas affaiblir ce gouvernement ? Ce que voient les masses, ce ne sont pas les institutions, c'est leur jeu, et,
celles-ci, ne sont-elles pas mises en jeu par des hommes ?

D'un autre côté, si les journaux ne font aucun bien,
c'est qu'ils critiquent toujours ce qui se fait et ne disent
pas ce qu'il faudrait faire. Restant dans le domaine des

théories, toujours facile et défendable, ils attaquent le Pouvoir dans le domaine de la réalité, où l'on rencontre tous les obstacles de la pratique. Ils jugent donc et ne peuvent être jugés ; leur crédit reste, celui de l'autorité s'en va.

Puis, une chose incessamment répétée, finit par dominer l'opinion. Quelque faibles que soient les arguments des journaux opposants, le mécontentement du lecteur, son indifférence ou son humeur mauvaise, ses mécomptes ou son chagrin de ne pas être à sa place et personne n'y est, leur donnent une force irrésistible. Et qu'on le remarque, si nous oublions aisément les bienfaits dans la vie privée, nous gardons souvenir des choses qui nous froissent. En politique, l'observation est plus juste encore. Dans cette sphère, la reconnaissance, si rare ailleurs, est un hors-d'œuvre puéril. Quelque bien que fasse un gouvernement, comme une fois ou l'autre il vous blessera, le bien tombera dans l'oubli pour ne mettre en relief que vos sentiments hostiles.

Il est vrai, comme l'affirme M. de Girardin, que les hommes et les gouvernements, discrédités par la presse, finissent tôt ou tard par reprendre leur caractère aux yeux de l'opinion ; mais que leur importe d'être canonisés après leur mort ? Je préfère voir un rayon de soleil, que de savoir une statue sur ma tombe.

Nous disons dès lors au Pouvoir : Donnez l'absolu à la presse, afin qu'elle ne puisse plus rien demander ; mais restez toujours plus fort qu'elle.

Par la mesure que nous conseillons, vous accoutu-

merez les publicistes aux discussions de bonne foi,
soutenues avec urbanité. Vous referez leur éducation
parlementaire, qui laisse bien quelque chose à désirer,
au point de vue d'un digne sangfroid et de la tendance
à plutôt voir les personnes que les intérêts matériels,
à plutôt juger selon les théories que d'après les difficultés inhérentes à toute pratique.

Qu'ils le remarquent, messieurs les écrivains politiques, des hommes tels que MM. Guizot et Thiers fu-
rent écrasés par le poids du pouvoir. Eux, petits bouts
de journalistes, que fussent-ils devenus à leur place ?
Et, cependant, ce sont ces bouts de médiocrités, dont
les piqûres, quinze années durant, ont suffi pour user
des illustrations incontestées.

M. Thiers, dans l'opposition, doit trouver son rôle
plus facile ; mais il pourrait se souvenir que celui des
hommes d'État en exercice l'est un peu moins.

Et nous nous permettons de le dire avec respect à
l'Empereur ; la liberté de la presse, pour aussi restreinte qu'elle soit, avec les tribunaux pour juges,
selon la lettre du 19 janvier, est un péril qu'on n'évi-
tera pas. Vous retombez dans les errements du passé.
D'abord, cette liberté, toujours trop limitée aux yeux
de ceux qui la reçoivent, ne les satisfera point ; puis,
une limite comporte une peine pour celui qui la fran-
chit : de là, nécessité d'édicter des pénalités. Et par
les limites comme par les pénalités, le gouvernement
fait retour au régime du bon plaisir ; vous tentez de
définir ce qui est aussi indéfinissable que Dieu. Vous
vous exposez à la négation que comporte toute défini-

tion douteuse et à son opposition. Pourquoi donner des fondements à ce qu'il faudrait démolir?

En un mot, la liberté absolue, avec le droit de suppression aux mains du Pouvoir, est moins dangereuse que la liberté restreinte avec les tribunaux pour juges.

V.

Les procès contre la presse, les châtiments contre les publicistes disparaissent dans l'application de notre ordre d'idées. C'est que le plus grand mal que puisse faire peut-être la presse aux gouvernements, réside dans les poursuites que les gouvernements dirigent contre elle. Toute poursuite passe pour une persécution, et rien n'intéresse comme les persécutés. Soyez convaincus que vos poursuites font surgir dans l'esprit public plus de piédestaux que de censures.

Mais, va-t-on dire, vous attentez au droit de propriété en supprimant un journal;

Vous enlevez le journaliste à ses juges naturels.

L'on ne vous prive pas personnellement de vos juges naturels, puisqu'on ne vous juge point. Nulles peines pour les personnes; suppression seule du corps du délit. Pas de peines, pas de jugements, pas de juges.

C'est que nous partons de cette donnée qu'un homme qui écrit le fait de bonne foi, et que, s'il fait le mal voulant faire le bien, on ne saurait l'en rendre responsable. Pourquoi le punir, lui, sans frapper du même coup la masse entière des abonnés qui s'extasie à sa lecture? Pourquoi lui élever un autel, quand il tombera dans l'oubli si vous le laissez tranquille? Enfin, comment classerez-vous vos pénalités? Les délits sont indéfinissables.

Quant au droit de propriété, nous contestons qu'un journal puisse constituer une propriété privée.

Ce qui dans un journal vous appartient en propre, c'est l'imprimerie, c'est votre papier, l'encre, la plume, votre génie; mais cela ne vous suffit pas et vous aspirez à la propriété de votre clientèle.

L'on ne saurait admettre que journal et abonnés ne fassent qu'un pour devenir une propriété particulière. Un journal et ses abonnés ne sont pas autre chose qu'un attroupement sur la voie publique, pouvant intercepter la circulation et susceptible dès lors d'être dissipé par le pouvoir administratif.

Ou bien, si l'on préfère, c'est une société anonyme dont les statuts stipulent la dissolution dans le cas d'un risque prévu. Seulement, ici, la convention au lieu d'être arrêtée entre une société et des actionnaires, se trouve de droit sous-entendue entre la société journal et le Pouvoir : l'association sera dissoute si elle tend à compromettre la stabilité des intérêts publics.

Du reste, la constitution d'un journal porte tous les caractères d'une association ayant pour objet d'exploiter la mort ou la vie des gouvernements, ce qui donne bien à ceux-ci quelques droits d'intervenir au contrat.

Vous formez donc une société et vous n'êtes point une propriété.

L'on parle beaucoup du droit de réunion; mais ne reçoit-il pas son application par le régime des journaux, et, cela, d'une façon permanente?

A tous les titres vous formez une société : l'on peut vous dissoudre. Dans certains cas vous formez un attroupement : l'on peut vous dissiper; mais vous ne constituez pas plus une propriété que l'esprit public sur lequel vous opérez.

# VI.

Nous avons dit que la société journal et compagnie
met en pratique le droit de réunion. Il y a cette diffé-
rence aujourd'hui que, par les autorisations préalables,
constituant un privilége, les écrivains seuls de la compagnie jouissent du charme de la parole dans ces
réunions, et que les abonnés sont réduits au simple
rôle d'auditeurs.

Mais, que chacun puisse à sa guise fonder un journal,
ce qui pourra déplaire à plus d'un démocrate privilé-
gié, et, par ce régime de liberté absolue de presse, vous
inaugurez le droit de réunion le plus complet, le plus
pratique, le moins dangereux.

Dès lors, nous ne comprendrions pas que l'autorité
concédât le droit aux réunions effectives de citoyens. Si
ce droit n'a rien produit de fécond par le régime parlementaire, avec des hommes assez mûrs, délégués
par le pays, que produira-t-il par l'attroupement des
masses? Sans nul doute de la fièvre.

Qu'en Angleterre l'on jouisse du droit de réunion,

cela se conçoit. L'Anglais est jaloux de la conservation de son gouvernement, et ne sollicite que des améliorations ; mais depuis soixante ans quatre gouvernements ont traversé la France dans des attitudes différentes, et ont, par suite, laissé quatre vastes groupes de satisfaits. Ceux-ci regrettent, si ce n'est les infortunes déchues, du moins des positions de famille ; de telle sorte que chacun des membres admis ou appelés, par le droit de réunion, aura dans sa poche ou dans son portefeuille son gouvernement et sa dynastie.

Si le Français est léger, il est vif et fanfaron : le coup de poing arrive en même temps que la menace. Il s'échauffe en parlant. Le début austère et magistral de ses discours finit presque toujours par des vociférations diaboliques. Vous n'obtiendrez donc que de l'excitation et du tumulte par votre droit de réunion. Vous avez supprimé la discussion de l'adresse : je vous garantis qu'il faudra supprimer bien plus vite encore votre droit de réunion, et il est toujours fâcheux de concéder pour reprendre.

J'ajoute que vous maintiendrez bien plus aisément l'ordre et la paix dans le droit de réunion constitué par une presse libre, la parole écrite et réfléchie offrant en France moins d'inconvénients que la parole parlée. Sur la tête de la parole parlée au milieu des masses, il faut le gendarme, c'est-à-dire la force publique, qui provoque aux représailles de la violence. Sur la tête d'un journal prospère, le droit de suppression maintiendra une salutaire sérénité.

La valeur colossale des intérêts confiés aux bras du

travail, dans les temps modernes, éprouve un plus grand besoin de quiétude et de recueillement que n'en comportent les conséquences d'un rassemblement d'hommes provoqués aux récriminations.

Nous croyons donc que la presse absolument libre, avec le droit même à l'impunité pour les écrivains, tout droit de suppression réservé au Pouvoir, supplée le droit de réunion ou plutôt l'organise sur ses bases les plus rationnelles et les plus pratiques.

Mais, dans l'espèce, ni le jury, ni les tribunaux ne sauraient remplacer l'action administrative, seule compétente en matière de gouvernement.

D'après l'exposé qui précède, peu de personnes, dans les rangs de la démocratie et de l'opposition libérale ou de coterie, partageront nos idées. C'est que généralement l'on tient beaucoup plus à la forme qu'au fond. Nous qui attachons plus d'importance au fond des choses qu'à leur forme, et qui pensons qu'une idée n'est vraie qu'autant qu'elle est pratique, nous cherchons à rendre applicables, par des formes quelconques, des données dangereuses selon les uns et bienfaisantes selon les autres.

## VII.

L'Empereur supprime les discussions de l'adresse
et les remplace par le droit d'interpellation subordonné
à un vote des bureaux dans les Chambres.

A notre point de vue, c'est là un droit pratiquement
fictif, et, fût-il réel, à peine l'admettrions-nous.

Le Pouvoir trouve donc qu'on n'a pas assez parlé
sans agir, et posé pour la seule satisfaction des attitudes
depuis 1830 jusqu'en 1848? Nous faisons cette ré-
flexion parce que nous ne saurions admettre que l'autorité, par un tour d'adresse, ait voulu réduire la
Chambre à l'inaction et au silence.

En ce qui nous concerne, nous admettons le droit
absolu aux interpellations, et cela, sans réserve aucune.
Le pays est intéressé à ses propres affaires, et je serais
assez étonné si mon caissier refusait de rendre ses
comptes. Mais, de même que nous cherchons à rendre
pratique la liberté absolue de la presse, par le droit de
suppression, nous voulons que le droit absolu aux

interpellations devienne utilement praticable par une simple mesure d'ordre.

Tout député pourra interpeller par écrit le gouvernement, et le gouvernement fera une réponse écrite. Si celui-ci croit devoir se taire, il en donnera les motifs. Par là, vous évitez les pertes de temps stériles, vous élevez les députés silencieux au niveau des députés parleurs, vous éludez surtout les discours à popularité, vrais songes creux, uniquement susceptibles de provoquer des rêves chez les rêveurs et de la colère chez les non satisfaits.

La demande et la réponse paraîtront simultanément dans les comptes rendus publiés au *Moniteur*.

Et le *Moniteur*, organe immense de publicité, où figureront toutes choses, politique, administration, agriculture, industrie, commerce, ira porter à la connaissance de tous, dans l'État, les œuvres de son gouvernement. Si pour cela il ne faut dépenser que dix millions, ce sera encore bon marché. L'opinion publique pourra se former alors en connaissance de cause.

Or, dans notre pensée, c'est le pays surtout qu'il faut édifier, afin d'éclairer son opinion. L'opinion publique, tel est le meilleur thermomètre du Pouvoir. Il est autrement exact, autrement puissant qu'une Chambre où le citoyen, une fois nommé, ne représente plus que lui-même, et ne tarde pas à égarer le gouvernement, toujours enclin à prendre pour l'opinion de tous celle de l'exception qui le flatte. Nous n'aimons pas à voir des intérêts de personnes ou de coteries s'élever aux proportions d'un intérêt national.

La Chambre est pour ainsi dire la continuation du Conseil d'État et son juge en dernier ressort. C'est un corps législatif bien plus que politique. Dans la sphère politique, elle n'a guère qu'à approuver ou à désapprouver la marche du gouvernement qui, lui, de son côté, est chargé de trouver les moyens les plus propres à se mettre en harmonie avec les inspirations de l'opinion. Celle-ci est certainement plus fidèle à elle-même et se manifeste mieux spontanément, que ne la manifestent des hommes élus à des époques éloignées.

Dans le cas où le gouvernement résisterait à l'impulsion de l'esprit public, le vote du budget n'est-il pas à lui seul un moyen de coërcition suffisant pour une Chambre calme et résolue ? Qu'on en soit certain, la question financière produira toujours plus d'effet sur le Pouvoir exécutif que les plus beaux discours du monde.

Les discours, qu'ont-ils produit ? Comparez donc les travaux du Conseil d'État, sous les deux empires, à ceux de vos Chambres représentatives. Quel monument dans l'histoire est comparable au Code de nos lois ? Eh bien ! si les séances de ce Conseil eussent été publiques, avec compte-rendu, les savants, qui dans l'ombre édifiaient un chef-d'œuvre, n'eussent plus songé qu'à la popularité, et le Conseil d'État tombait dans l'impuissance des Chambres parlementaires.

D'après ce qui précède, je le demande, peut-on aller plus loin que nous sans confusion ? Nous croyons cependant devancer de loin nos confrères dans la voie d'un progrès réel, qu'ils trouveront rétrograde, préoccupés qu'ils sont des chimères de la forme. Pour nous, république, monarchie, gouvernement parlementaire ou absolu n'ont par eux-mêmes aucune valeur. Comme organisme, les meilleurs peuvent devenir les pires et les pires les meilleurs, selon l'application pratique.

D'où résulte pour nous cette simple question : dans la politique mixte et conditionnelle de nos démocrates et libéraux, existe-t-il un seul principe, par suite une conviction qui ne soit illusoire?

Non, il n'existe pas chez eux de principes, parce que toute donnée restreinte n'est qu'un expédient et que les principes reposent sur l'absolu.

M. de Girardin, qu'on taxe de versatilité, est un homme à principes, parce que l'absolu constitue le fond de ses doctrines.

Et, cependant, il vous soutiendra qu'il n'est ni un homme de principes, ni un homme à convictions. Pourquoi? Parce qu'on ne saurait chercher le progrès, si l'on croyait avoir conquis le mieux. Or, les hommes à principes et à convictions nient le progrès par cela même qu'ils croient jouir du mieux possible. Mais, tout homme de progrès est un homme qui cherche et qui, par suite, doute de ses connaissances acquises. Sans le doute, pas de recherches, pas de progrès. Le doute est donc la loi du progrès et la négation de toute conviction.

Voilà pourquoi le scepticisme fait école. Il prépare la foi pour l'avenir; sans lui, le passé tout entier vivrait encore. Sans lui, Bacon, Descartes, Montesquieu, Leibnitz, Newton, Cuvier, restaient des hommes de foi et vieillissaient dans l'enfance de ces convictions

premières, que vous reprochez aux hommes de progrès
d'abandonner pour les conquêtes nouvelles de la science
matérielle et morale.

Vous avez beau dire, hommes à convictions immua-
bles, vous êtes de vrais cimetières.

Il peut exister des principes en théorie, mais que va-
lent-ils en pratique? S'ils ne sont point applicables, que
valent leurs convictions?

Le droit divin, grand principe; le pouvoir absolu d'un
seul, grand principe; le pouvoir absolu de tous, grand
principe. L'hérédité, la responsabilité, la liberté entière
de la presse sont de grands principes. L'infaillibilité du
Pape est un assez joli privilége humain et quel principe !

On peut trouver là, j'espère, de quoi fonder des gouvernements inébranlables comme des convictions.

Or, Louis XVI, homme respectable à tous les titres,
était souverain absolu et de plus irresponsable, puisqu'il
ne devait compte qu'à Dieu. En dépit des principes,
il monte sur l'échafaud.

Charles X, irresponsable, prince héréditaire par droit
divin et sur qui le peuple n'exerce aucune juridiction,
meurt en exil.

Louis-Philippe, souverain irresponsable, par le fait
de la volonté nationale, car il fut assez acclamé, après
coup, dans la France entière, ce qui équivaut peut-être
à un visa régulier, est délaissé de tous comme s'il
n'eût pas été encensé, et se sauve comme il peut vers
l'exil.

Ses ministres, responsables, rentrent en France et,

fort sensément, la loi de responsabilité les laisse en paix.

Le Pape, qui est infaillible, se fait chasser de Rome. Il est vrai que l'infaillibilité appartient au Saint-Père et non au souverain temporel ; mais, puisque dans un seul homme nous en trouvons deux, d'après le grand principe catholique, il est assez probable que l'un conseille l'autre, en vertu des lois de bon voisinage.

La révolution de 89, si grande tant qu'une ombre d'autorité permanente pût la dominer, que devint-elle, avec sa souveraineté de tous, aussitôt que le Pouvoir immuable fut descendu au tombeau ? Une fièvre cérébrale s'empara de cette souveraineté et l'étouffa dans un sanglant délire.

L'hérédité responsable, ce qui est un non sens théorique, règne aujourd'hui sur la France, et comme avant tout elle est forte et voudra rester plus forte que toute liberté, ce qui est son droit et son devoir, vous l'avez vue marcher jusqu'à cette heure sans la moindre secousse et, grâce aux œuvres utiles et puissantes de son génie, elle saura, nous l'espérons, s'approprier l'avenir de la France.

Telle est l'histoire des principes, au sortir du domaine de la théorie. La pratique les dément sous toutes les formes de la manière la plus impitoyable. Que valent dès lors les convictions qui leur font cortége ? Quelle est leur consistance ? Où leur trouver une utilité.

Nous ne professons donc pas une foi très-ardente pour les principes, et nous disons au Pouvoir : Faites le plus de bien que vous pourrez, en tenant compte de l'esprit de votre pays et de ses intérêts. Nous ne sachons pas qu'on puisse aller plus loin. -

Mais, redisons-le, nous voudrions voir se former une opinion publique puissante, éclairée sur toutes choses, ayant les moyens de se manifester pacifiquement à l'aide de la liberté absolue de la presse. Cette opinion serait le meilleur guide du Pouvoir, qu'elle envahirait, dont elle prendrait possession, parce qu'elle s'empare de tout, et, par elle, l'on obtiendrait les résultats du fond des choses, sans subir les inconvénients à peu près insurmontables de la forme par laquelle est possible la prospérité de notre pays.

L'Isle-Jourdain — Vienne — 29 janvier 1867.

Poitiers. — Imp. de N. Bernard.